AF331550

UNION

NATIONALE ET PHILANTROPIQUE

DES

OUVRIERS ET PATRONS

Fondée à Paris le 1er Août 1849.

Paris.

TYPOGRAPHIE BOISSEAU ET Ce,

Passage du Caire, 123-124.

1849

UNION
NATIONALE ET PHILANTROPIQUE
DES
OUVRIERS ET PATRONS.

RÈGLEMENT.

BASES FONDAMENTALES.

TITRE Ier.

ARTICLE PREMIER.—La Société des Ouvriers et Patrons a pour unique but de se procurer mutuellement du travail et des secours en cas de besoin ; cette Société phi-

lantropique est essentiellement morale et bienfaisante ,
tous ses membres doivent pratiquer leur religion , être
fidèles au gouvernement, dévoués à leur patrie et soumis
aux lois. Ils se placent sous le patronage de Notre-Dame-
d'Août.

Art. 2. — L'administration de la Société est confiée
à un Bureau composé de vingt-un membres ; savoir :

Un Président ;
Deux Vice-Présidents ;
Un Trésorier ;
Un Vérificateur-Gérant ;
Un Secrétaire-Général ;

Deux Secrétaires-Adjoints;
Un Censeur ;
Douze Délégués d'Arron-
dissement.

—

Les membres du bureau se réunissent tous les jeudis
au siège de la Société, à 8 heures
du soir, à partir du 1er avril, et à 6 heures, à partir du
1er octobre ; leurs fonctions dureront pendant trois ans.
Les réunions peuvent être moins fréquentes, si le bureau
le juge convenable.

Art. 3. — Il sera nommé un conseil d'administration
composé de six ouvriers et de cinq patrons qui s'adjoin-
dront au bureau, en réunion extraordinaire, tous les
quinze jours au siège de la Société.

Les sociétaires des divers corps d'état pourront, à des
jours qui leur seront indiqués par le bureau, se réunir
sous la présidence de l'un des membres du bureau, pour
agiter les questions spéciales relatives à leur profes-
sion. Les membres du bureau et du conseil d'administration devront être âgés de vingt-cinq ans au moins et
faire partie de la Société depuis une année, ils seront
nommés en assemblée générale au scrutin de liste et à la
majorité des suffrages ; le conseil d'administration sera
renouvelé tous les ans , les membres sortants pourront
être réélus.

Art. 4. — Il sera ouvert au bureau un registre sur lequel
tous les sociétaires désirant faire partie du bureau ou du
conseil viendront inscrire leur nom, leur adresse, leur

âge, le lieu de leur naissance ; le vérificateur-gérant sera tenu de prendre les renseignements les plus minutieux à l'égard de tous les candidats, il les soumettra à la commission ordinaire qui, après avoir entendu les candidats, statuera sur la prise en considération de leurs candidatures.

Art. 5.—Le registre mentionné en l'article précédent, sera clos huit jours avant les élections ; la liste des noms des candidats admis sera inscrite sur ledit registre et affichée quatre jours avant les élections au siège de la Société et à l'entrée de la salle de la réunion générale ; le secrétaire-général en donnera lecture à la tribune.

Art. 6.—Les membres du bureau sont rééligibles : nul ne pourra faire partie du bureau s'il n'a préalablement été membre du conseil d'administration.

Art. 7. — Il sera pourvu en assemblée extraordinaire, à la nomination de deux présidents honoraires ; leurs fonctions dureront un an.

TITRE II.

ATTRIBUTIONS DES MEMBRES DU BUREAU.

Art. 8. — Les présidents honoraires président les assemblées générales, y maintiennent le bon ordre, et font éxécuter l'ordre du jour. Ils n'assistent aux assemblées ordinaires et extraordinaires que lorsqu'ils y sont appelés par le bureau : dans ce cas ils les président.

Art. 9. — Le président est le chef de la Société, il doit en surveiller toutes les opérations et veiller à la stricte exécution du réglement. Toutes délibérations doivent être revêtues de sa signature, il vérifie tous les comptes des recettes et des dépenses, il préside les réunions ordinaires et extraordinaires et y maintient le bon ordre.

sa voix est prépondérante en cas de partage ; à son entrée en fonctions, en présence de l'assemblé générale, il promet en la forme qu'il juge convenable, de se dévouer aux intérêts de la Société ; les membres du bureau et du conseil d'administration font la même promesse en répondant par ces mots à l'interpellation qui leur est faite par l'un des présidents honoraires : *Je le jure !* Mention sera faite de ce serment sur le procès-verbal de la séance ; tous ceux qui l'auront prêté devront y apposer leur signature. Le président peut convoquer les réunions ordinaires et extraordinaires toutes les fois qu'il le juge nécessaire, il ne peut s'y refuser lorsqu'il en est requis par trois membres du bureau.

Art. 10.—Les vice-présidents remplacent le président en cas d'absence, ils jouissent des mêmes droits dans leurs fonctions.

Art. 11. — Le trésorier encaisse toutes les recettes et paie toutes les dépenses dûment autorisées par le bureau, un registre particulier sera remis entre ses mains, ce registre portera à son débit les sommes reçues à quelque titre que ce soit, et à son crédit les dépenses générales et le montant des versements contre titre : les fonds de roulement, la balance des recettes et des dépenses qui devra être faite tous les mois, figureront également sur ce registre qui sera coté et paraphé.

Art. 12. — Vu l'urgence de centraliser les opérations financières, la caisse restera au siège de la Société, elle aura trois clefs et trois serrures : seront détenteurs des trois clefs, le président, le trésorier et le vérificateur-gérant.

Le placement des fonds aura lieu toutes les fois qu'il y aura en caisse une somme de cent francs en sus de celle jugée nécessaire pour faire face aux besoins courants de la Société ; il sera fait par le président, le trésorier, le vérificateur-gérant et un délégué nommé en assemblée générale ; les titres des placements de fonds faits au Trésor, à la Caisse d'épargne ou sur hypothèque reconnue bonne et valable par le bureau, seront déposés dans la caisse de la Société et mention sera faite par le trésorier sur son registre, de la somme placée, du jour et du mode de placement.

ART. 13.—Le vérificateur-gérant est chargé de la direction matérielle du bureau, il aide le trésorier dans ses fonctions, et il est le gardien des sceaux et des archives de la Société ; le bureau laisse entre ses mains une somme suffisante pour faire face aux dépenses urgentes et journalières, il présente la balance des recettes et des dépenses tous les quinze jours aux réunions extraordinaires. Le vérificateur tient : 1° le livre des recettes et dépenses ; 2° le registre matricule de la Société ; 3° le livre des demandes de travail ; 4° le livre des offres faites par les patrons ; 5° le grand registre des renseignements sur lequel seront inventoriées les pièces importantes, déposées aux archives de la Société.

ART. 14. — Le vérificateur-gérant fait les démarches nécessaires pour procurer du travail à ceux qui en manquent ; il a le droit de demander la remise de toutes les pièces concernant la Société, et d'interpeller le bureau lorsqu'il croit que le règlement est violé ; il est responsable de l'abus qu'on pourrait faire des sceaux de la Société dont il est le seul gardien. Il peut communiquer les pièces des archives, mais il ne doit en permettre le déplacement que sur récépissé et après y avoir été autorisé par le bureau.

ART. 15. — Le secrétaire-général, aidé des secrétaires-adjoints, rédige les procès-verbaux des séances, fait la correspondance, et tient la comptabilité individuelle des sociétaires, il délivre les bons pour toucher à caisse et fait toutes les écritures du bureau ; à l'ouverture de chaque séance, il donne lecture du procès-verbal de la séance précédente.

ART. 16. — Le secrétaire-général doit mentionner au

livre des procès-verbaux le résumé des délibérations et le résultat de toutes décisions, signer tous actes et la reddition de tous comptes.

Les adjoints du secrétaire-général doivent partager ses travaux et le remplacer en cas d'absence.

ART. 17. — Le censeur doit veiller à ce que le plus grand silence règne pendant les délibérations, il signalera au président, tout membre qui troublerait l'ordre, il est chargé, en outre, de vérifier l'identité des membres qui composent les réunions afin d'en évincer toutes personnes étrangères.

ART. 18. — Les délégués tiennent chacun un registre sur lequel figurent les noms et les adresses des sociétaires de leur arrondissement; ils seront chargés, au besoin, de percevoir les cotisations mensuelles et de recueillir les demandes et les offres de travail; c'est par leur intermédiaire que les sociétaires sont prévenus du jour et de l'heure des réunions générales.

TITRE III.

ADMISSIONS.

ART. 19. — Tout sociétaire payera un droit fixe de deux francs pour son admission et une cotisation mensuelle de un franc. Cette cotisation devra être versée du 1er au 5 de chaque mois et d'avance. Les noms des sociétaires qui voudront payer plus forte somme seront inscrits sur un livre spécial, destiné à constater les dons faits à la Société.

ART. 20. — La Société confère le titre de membres honoraires, aux personnes qui lui prêteront le concours de leur influence, de leurs lumières et un bienveillant appui. Les membres honoraires ont le droit d'assister aux séances générales et même aux séances particulières s'ils y sont convoqués par le bureau. Ils peuvent faire des propositions, prendre part aux discussions et même voter. Parmi eux seront toujours choisis les présidents honoraires.

Art. 21. — Les dames qui daigneront concourir au développement de la Société, recevront le titre de *Bienfaitrices de l'Union nationale et philantropique des Ouvriers et des Patrons*. Elles pourront assister aux séances générales dans des tribunes réservées.

Art. 22. — Nul ne peut être admis avant l'âge de dix-huit ans révolus, et s'il ne justifie de sa moralité et de son aptitude au travail; le bureau, dans ses réunions ordinaires, statue souverainement sur les admissions proposées, il prononce de même sur les exclusions des sociétaires déjà admis, mais, dans ce cas, sa décision ne produit effet que lorsqu'elle est confirmée en assemblée extraordinaire, à la majorité des deux-tiers plus un des membres présents.

Art. 23. — L'exclusion sera prononcée contre tout membre faisant partie d'une société secrète ou ayant subi une condamnation portant atteinte à l'honneur et à la probité. Sera également rayé des registres de la Société tout travailleur qui se coaliserait pour faire suspendre le travail, ou prendrait les armes pour renverser le gouvernement de son pays, et tout sociétaire qui ne se conformerait pas aux décisions prises par la majorité.

Art. 24. — Lorsque la commission aura cru devoir exclure un sociétaire pour quelque cause que ce soit, et qu'il sera prouvé que ce sociétaire fait courir le bruit que sa radiation a eu lieu injustement, les motifs qui l'auront provoquée seront affichés dans la salle des séances et insérés dans les compte-rendus, et dans plusieurs journaux si le bureau le juge nécessaire, sans préjudice de l'action civile et correctionnelle devant les tribunaux compétents.

DES RÉUNIONS ORDINAIRES ET EXTRAORDINAIRES.

ART. 25. — Dans les réunions ordinaires composées des membres du bureau, et dans les réunions extraordinaires composées également des membres du bureau et des onze membres du conseil d'administration, les délibérations et les conversations étrangères au but et aux intérêts de la Société sont absolument interdites.

ART. 26. — A l'ouverture des séances chaque membre se rendra à sa place et observera le silence ; après la lecture du procès-verbal, nul ne pourra prendre la parole s'il ne l'a préalablement obtenue du président.

ART. 27. — Les personnes étrangères à la Société ne seront point admises à ses séances ; les simples sociétaires pourront même être exclus des séances ordinaires et extraordinaires.

ART. 28. — Tout sociétaire qui, dans les réunions, se porterait à des excès d'une nature grave, soit par paroles ou par voies de fait, ou qui chercherait à détruire l'harmonie de la Société, par des actes ou des insinuations malveillantes, sera, après délibération et décision du bureau, exclu du lieu de la réunion, et même de la Société en cas de gravité.

ART. 29. — Le bureau sera ouvert tous les jours de 9 heures du matin à 6 heures du soir, à partir du 1er avril au 1er octobre, et de 9 heures à 4 heures, à partir du 1er octobre au 1er avril, les dimanches et fêtes exceptés.

ART. 30. — Le vérificateur-gérant et le secrétaire-général recevront un traitement qui sera fixé en assemblée extraordinaire, lorsque les ressources de la caisse le permetront. Les assemblées extraordinaires, sur un rapport du bureau, fixeront ensuite le traitement qui devra être alloué aux employés dont le concours serait jugé utile aux intérêts de la Société.

ART. 31. — Tous les sociétaires tenus d'assister aux assemblées ordinaires, extraordinaires et générales, qui, sans motif légitime préalablement porté à la connaissance du bureau, ne répondront pas à l'appel de leur nom au commencement et à la fin des séances, encourront une amende de 25 c. pour le premier appel, et de 75 c. pour le réappel ; en cas de récidive l'amende sera double, et l'exclusion du sociétaire inexact pourra être prononcée.

ASSEMBLÉES GÉNÉRALES.

ART. 32. — Il y aura quatre assemblées générales par an : les premiers dimanches de janvier, d'avril, de juillet et d'octobre.

Le bureau pourra convoquer les sociétaires extraordinairement en assemblée générale, en ayant soin de prévenir l'autorité, au moins cinq jours à l'avance, des lieu et heure de la réunion.

Les convocations seront faites par une lettre adressée à chaque membre de la Société huit jours au moins avant celui de la réunion ; les lettres de convocation seront remises par l'intermédiaire des délégués d'arrondissement.

ART. 33. — Nul ne sera reçu à l'assemblée générale que sur le vu de sa lettre de convocation : les art. 23, 24, 25, 26 et 28 du présent règlement, sont applicables aux réunions générales.

TITRE IV.

MALADIES.

ART. 34. — Après un an de noviciat, tout sociétaire malade aura droit à une somme proportionnée à ses besoins et aux ressources de la Société. Le malade devra faire connaître sa position au médecin et au vérificateur-gérant, qui s'empressera d'envoyer au domicile du réclamant l'un des membres attachés au bureau de la Société ; la maladie étant constatée, le malade aura droit à des visites de médecin et à des secours pécuniaires, si elle doit se prolonger au-delà de cinq jours.

Art. 35. — Pour être inscrit au registre des malades et obtenir des secours, le malade doit remettre son règlement au membre du bureau qui a été choisi pour aller le visiter, ou le faire déposer au bureau de la Société au moment de sa déclaration ; les cotisations arriérées sont retenues sur les secours.

Art. 36. — Les maladies occasionnées par inconduite ou provenant de rixe volontaire, ne pourront être soulagées.

Art. 37. — Les sociétaires sont tenus, par tour d'inscription, de visiter les malades ; ils seront désignés... gérant et avertis par lettre. Chaque visiteur... suivant s'il est possible, rapporter au... la lettre d'avis revêtue de la signatu... et constater qu'il a fait deux visites. Ces... conservées et mises en liasse pour servir en cas de réclamation.

Art. 38. — Tout sociétaire qui dûment averti refuserait de faire son service, sera passible d'une amende de 3 fr.; il en sera de même s'il ne remplit pas ses fonctions avec exactitude. Le visiteur est tenu de se présenter chez les malades au moins deux fois par semaine, le jour qu'il jugera convenable.

Art. 39. — Lorsqu'un sociétaire malade aura fait sa déclaration de maladie, il devra remettre au visiteur qui se présentera chez lui un certificat du médecin qui lui aura été envoyé, désignant le genre de maladie dont il est atteint.

Tout malade que le visiteur ne trouvera pas chez lui sera privé de secours, s'il n'est muni d'un certificat ou permission du médecin.

ART. 40. — Le visiteur qui aurait des doutes sur la réalité ou le genre de maladie d'un sociétaire, en préviendra de suite le gérant, qui requerra le médecin pour s'assurer du fait ; et si la déclaration de ce dernier est conforme aux doutes du visiteur, le prétendu malade pourra être rayé de la Société, en cas de fraude et de mauvaise foi ; les membres du bureau ont le droit de visiter les malades.

ART. 41. — Le chiffre de secours à accorder est fixé en assemblée extraordinaire, il pourra en être alloué aux malades, hors le cas prévu par l'art. 34, s'il en est ainsi décidé en assemblée extraordinaire.

ART. 42. — Tout sociétaire qui serait convaincu d'avoir prolongé le payement de ses secours au-delà du terme de sa maladie, sera rayé ; il en sera de même à l'égard du visiteur complice de cette fraude ; si un sociétaire venait à décéder sans avoir touché tout ce qui devait lui revenir sur ses secours, le complément ne pourra être remis qu'à sa veuve et à ses enfants.

DÉCÈS.

ART. 43. — Lors du décès d'un sociétaire, sa veuve, ses parents ou ses amis, devront immédiatement en informer le gérant, qui fera faire les démarches pour rendre au défunt les derniers devoirs.

Le gérant convoquera cinquante membres de la Société, qui seront pris à tour de rôle pour assister au convoi du défunt ; il est de toute rigueur que le bureau y soit représenté par un de ses membres.

ART. 44. — Tout sociétaire qui, après avoir été convoqué, n'assisterait pas au convoi, encourra une amende de 2 fr. s'il est simple sociétaire, et de 3 fr. s'il est membre du bureau ou du conseil d'administration ; le produit de ces amendes sera remis à la veuve ou aux enfants du défunt, et, à leur défaut, la caisse de la Société en profitera.

ART. 45. — Dans un an, à partir du jour que la Société aura fonctionné, et lorsque les ressources de la caisse le permettront, le bureau déterminera la somme qui sera affectée aux frais d'inhumation de chaque sociétaire.

TITRE V.

CONGÉS.

ART. 46. — Les sociétaires, que des affaires appeleraient hors de Paris pour un temps indéterminé, devront, pour ne pas encourir les conséquences de l'art. 56, et conserver leur droit à la pension, demander et obtenir un congé du président de la Société ; cependant les congés ne seront maintenus qu'au cas où leurs cotisations seraient envoyées tous les six mois, et tous les ans pour ceux des sociétaires hors de France.

ART. 47. — Les frais de poste sont à la charge des sociétaires en congé. Tout sociétaire, pour obtenir un congé, doit être entièrement libéré de ses cotisations.

Art. 48. — Les sociétaires atteints par la loi du service militaire, et qui auront demandé un congé pour aller tirer au sort, seront exemptés de payer leurs cotisations pendant le temps de leur service ; à leur retour, ils reprendront leurs droits de sociétaires ; le temps passé sous les drapeaux ne pourra compter pour le noviciat de la pension accordée aux infirmes et aux vieillards.

Art. 49. — Les sociétaires libérés ne reçoivent des secours de maladie qu'un mois après leur déclaration de retour ; ils devront produire leurs états de service ; les infirmités contractées sous les drapeaux ne donnent pas droit à la pension ; l'art. 48 ne dispense pas les remplaçants et engagés volontaires de payer leurs cotisations.

PENSIONS.

Art. 50. — Tout membre de la Société, pour jouir de la pension de retraite fixée au minimum de 100 fr. par année, devra subir un noviciat de quinze ans et être âgé de soixante ans ; il doit avoir rempli toutes les formalités voulues par le présent règlement. La pension est accordée aux incurables de tout âge, après un noviciat de quinze ans.

Art. 51. — Les incurables qui ne font pas partie de la Société depuis quinze ans, peuvent jouir de la même retraite si, sur la proposition du bureau, les sociétaires consentent, pour y pourvoir, de s'imposer en assemblée générale une cotisation extraordinaire de 25 c. au moins et de 50 c. au plus.

Art. 52. — Les pensions se paient partout où les pensionnaires jugent à propos de fixer leur résidence, sur le vu d'un certificat de vie légalisé ; les frais d'envoi d'argent et de port de lettres sont à la charge du pensionnaire.

Les pensionnaires ne paient plus de cotisations. Les pensions seront payées tous les trois mois.

Art. 53. — Par décision prise en assemblée générale, le chiffre des pensions pourra être élevé, si les ressources de la caisse le permettent.

TITRE VI.

DISPOSITIONS GÉNÉRALES.

Art. 54. — Pour éviter toutes réclamations, chaque sociétaire recevra un exemplaire du présent règlement, et, sera considéré comme ayant acquiescé à toutes ses dispositions ; ce règlement portera le numéro d'ordre du sociétaire et sera payé 25 c. Tout sociétaire qui changera d'adresse devra, dans son propre intérêt, la faire rectifier au siège de la Société.

Art. 55. — Pour assurer l'existence de la Société, en cas d'urgence le bureau pourra faire un appel aux sociétaires, soit pour une cotisation volontaire, soit pour une cotisation forcée, qui ne pourra jamais dépasser 50 c. par personne.

Art. 56. — Tout sociétaire en retard de payer sa cotisation pendant trois mois, et après avoir été prévenu par lettre et par son délégué d'arrondissement, sera rayé sans pouvoir réclamer le montant de ses versements ; cependant il aura la faculté de rentrer dans le sein de la Société, en versant une nouvelle admission et en recommençant son noviciat ; toutes les amendes devront être

payées dans le mois qui suivra le jour de la prononcia-
tion, sous peine d'une nouvelle amende de 50 c.

Art. 57.—Lorsqu'un sociétaire croira devoir adresser
des conseils, des observations ou des plaintes au bureau
ou au conseil d'administration, il devra le faire par écrit ;
il sera fait droit aux réclamations immédiatement.

Art. 58.—Les sociétaires rayés par application des
articles du présent règlement ne pourront exiger le rem-
boursement des cotisations versées depuis leur admission.

Art. 59.—La dissolution de la Société ne pourra être
prononcée que sur la demande expresse des trois quarts
des sociétaires réunis en assemblée générale , le partage
des fonds en caisse se fera au prorata des versements de
chacun des sociétaires , cependant les pensions seront
maintenues et le capital partiel de chaque sociétaire
sera au moment de la dissolution abandonné par chacun
d'eux à l'administration des hospices de Paris.

Art. 60.—Des règlements d'administration supplée-
ront à ce qui n'aurait pas été expliqué ou prévu par les
présents statuts et détermineront les droits, les attribu-
tions et les indemnités dues à chaque sociétaire , ainsi
qu'aux employés salariés.

Art. 61. — Ce règlement sera applicable aux Sociétés
succursales , qui seront sans retard organisées dans les
départements à la diligence de MM. les membres du
bureau.

Art. 62.—La Société est définitivement constiiuée par
le seul fait de l'élection déjà faite des membres dn bureau

ci-après, auxquels tous les pouvoirs nécessaires sont conférés.

1er Président honoraire,   Mrs

2me Président honoraire,

1   Président,

1er Vice-Président,

2me Vice-Président,

1   Trésorier,

1   Vérificateur-Gérant,

1   Secrétaire-Général,

1er Secrétaire-Adjoint,

2me Secrétaire-Adjoint,

1   Censeur,

1   Délégué pour le placement des fonds,

DOUZE DÉLÉGUÉS D'ARRONDISSEMENT.

1 Mrs	7 Mrs
2	8
3	9
4	10
5	11
6	12

Art. 63. — Il sera ultérieurement procédé à la nomination de MM. les membres du conseil d'administration et des autres membres du bureau.

MEMBRES DU CONSEIL D'ADMINISTRATION.

1 Mrs	7 Mrs
2	8
3	9
4	10
5	11
6	

Le bureau, ainsi composé, sera renouvelé à l'assemblée générale du mois d'avril 1850, pour fonctionner ensuite conformément aux présents statuts.

Paris, le 25 Septembre 1849.

Nota. M. le Docteur TESTEL, Médecin de la Société, demeure *rue Pavée-Saint-Sauveur*, 14.